Jacek A. Piasecki

Jak sprawdzić wiarygodność potencjalnych kontrahentów?

Wskazówki profesjonalistów ReDaTO Agencja Infrobrokerska

Zgierz
2023-06-19

Wstęp

Współpraca z nowymi partnerami biznesowymi to zawsze pewne ryzyko. Nie wiemy, czy firma, z którą chcemy nawiązać kontakt, jest rzetelna, solidna i uczciwa. Nie wiemy, czy ma dobrą sytuację finansową i prawną, czy nie ma problemów z zadłużeniem, windykacją lub upadłością. Nie wiemy, jak oceniają ją inni klienci i dostawcy, czy ma dobrą reputację i pozycję na rynku.

Dlatego przed podjęciem decyzji o współpracy warto sprawdzić wiarygodność potencjalnych kontrahentów. To pozwoli nam uniknąć nieopłacalnych transakcji, oszustw i strat. W tym poradniku podpowiemy Ci, jak to zrobić skutecznie i szybko.

Jak sprawdzić wiarygodność potencjalnych kontrahentów?

1. Sprawdź dane rejestrowe i kontaktowe firmy

Pierwszym krokiem jest sprawdzenie podstawowych danych o firmie, takich jak:

- pełna nazwa firmy i jej forma prawna

- numer NIP, REGON i KRS

- adres siedziby i oddziałów

- dane kontaktowe (telefon, e-mail, strona internetowa)

- dane właścicieli, zarządu i udziałowców

Te informacje możesz znaleźć w różnych źródłach publicznych, takich jak:

- Centralna Ewidencja i Informacja o Działalności Gospodarczej (CEIDG) - dla firm prowadzących działalność gospodarczą jako osoby fizyczne. Możesz wyszukać firmę po numerze NIP lub REGON lub po nazwie lub adresie. Dostęp do CEIDG jest bezpłatny i nie wymaga rejestracji. Adres strony:

https://prod.ceidg.gov.pl/CEIDG/CEIDG.Public.UI/Search.aspx

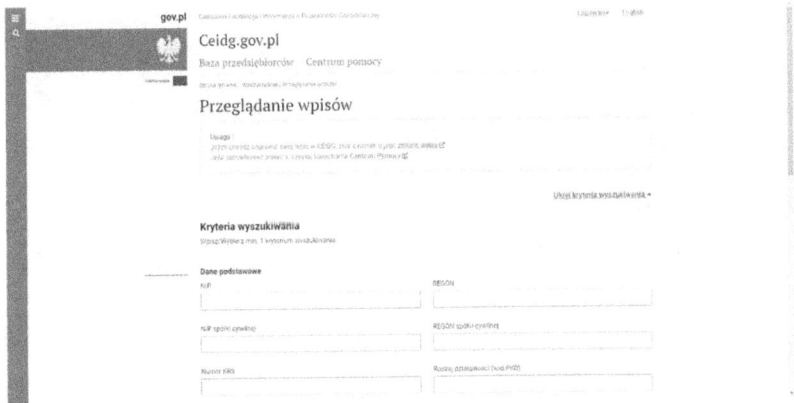

- Krajowy Rejestr Sądowy (KRS) - dla spółek handlowych i innych podmiotów wpisanych do rejestru. Możesz wyszukać firmę po numerze KRS lub NIP lub po nazwie lub adresie. Dostęp do KRS jest bezpłatny i nie wymaga rejestracji. Adres strony:

https://ekrs.ms.gov.pl/web/wyszukiwarka-krs/strona-glowna/index.ht ml

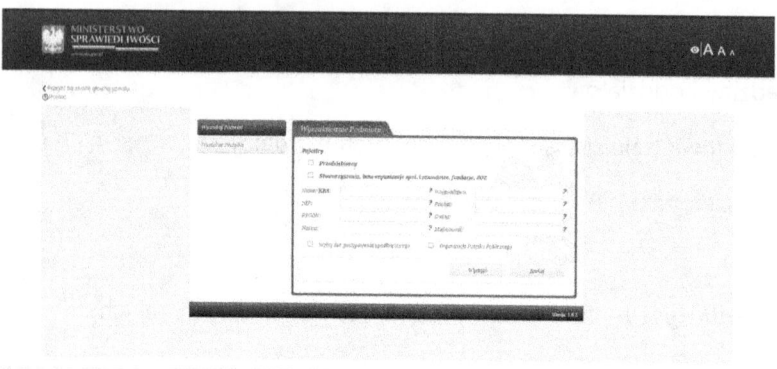

- Baza Internetowa Regon - udostępnienie danych na stronie Głównego Urzędu Statystycznego jest równoznaczne z potwierdzeniem dokonania wpisu tych informacji w rejestrze REGON.

https://wyszukiwarkaregon.stat.gov.pl/appBIR/index.aspx

- Wykaz podmiotów zarejestrowanych jako podatnicy VAT, niezarejestrowanych oraz wykreślonych i przywróconych do rejestru VAT.

Adres strony:

https://www.podatki.gov.pl/wykaz-podatnikow-vat-wyszukiwarka

- Baza Danych o Podatnikach VAT (VIES) - dla sprawdzenia statusu VAT firmy. Możesz wyszukać firmę po numerze NIP lub po nazwie lub adresie. Dostęp do VIES jest bezpłatny i nie wymaga rejestracji. Adres strony:

https://ec.europa.eu/taxation_customs/vies/?locale=pl

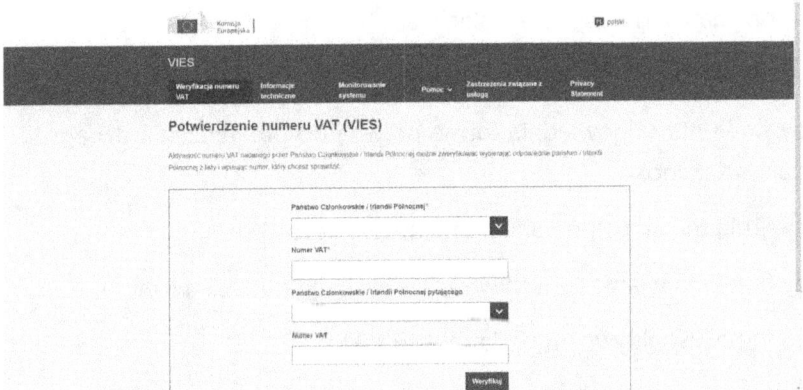

- Baza Danych o Podmiotach Gospodarczych (BDO) - dla sprawdzenia danych o odpadach i opakowaniach firmy. Możesz wyszukać firmę po numerze NIP lub REGON lub po nazwie lub adresie. Dostęp do BDO jest bezpłatny i nie wymaga rejestracji. Adres strony:

https://bdo.mos.gov.pl/web/guest/wyszukiwarka-podmiotow

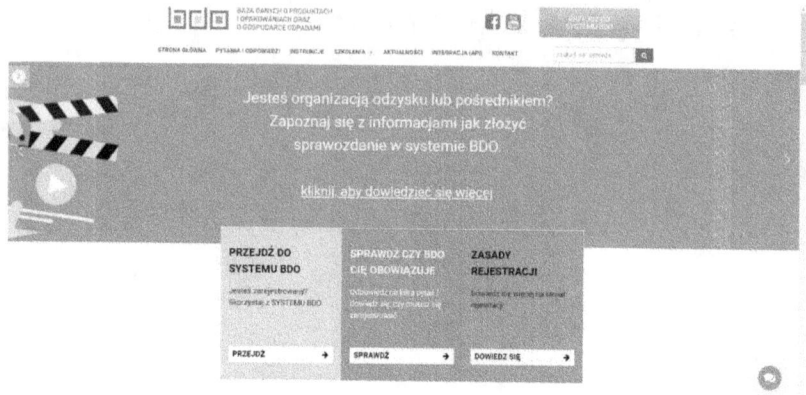

Sprawdzając te dane, zwróć uwagę na to, czy są aktualne, spójne i zgodne z prawdą. Jeśli znajdziesz jakieś nieścisłości lub braki, to może być sygnał ostrzegawczy.

Dlaczego warto sprawdzać dane rejestrowe i kontaktowe firmy?

Sprawdzając dane rejestrowe i kontaktowe firmy, możesz uzyskać wiele przydatnych informacji, takich jak:

- czy firma istnieje formalnie i legalnie

- czy firma ma odpowiednią formę prawną do prowadzenia danego rodzaju działalności

- czy firma ma aktualne dane kontaktowe i adresowe

- czy firma ma wiarygodnych właścicieli, zarząd i udziałowców

- czy firma jest aktywnym podatnikiem VAT

Te informacje pomogą Ci ocenić wiarygodność i profesjonalizm potencjalnego kontrahenta oraz uniknąć współpracy z firmami podejrzanymi, nieuczciwymi lub nierzetelnymi.

2. Sprawdź sytuację finansową i prawną firmy

Kolejnym krokiem jest sprawdzenie sytuacji finansowej i prawnej firmy, takiej jak:

- przychody, zyski i straty

- aktywa i pasywa

- płynność finansowa i rentowność

- zadłużenie i terminowość płatności

- windykacje i egzekucje komornicze

- upadłości i restrukturyzacje

Te informacje możesz znaleźć w różnych źródłach publicznych lub płatnych, takich jak:

- Biuletyn Informacji Publicznej (BIP) - dla sprawdzenia sprawozdań finansowych firm publicznych lub korzystających z funduszy publicznych. Możesz wyszukać firmę po nazwie lub numerze NIP lub REGON. Dostęp do BIP jest bezpłatny i nie wymaga rejestracji. Adres strony:

https://www.gov.pl/bip

- Monitor Sądowy i Gospodarczy (MSiG) - dla sprawdzenia ogłoszeń sądowych o upadłościach, restrukturyzacjach, likwidacjach i zmianach w spółkach. Możesz wyszukać firmę po nazwie lub numerze KRS lub NIP. Dostęp do MSiG jest bezpłatny i nie wymaga rejestracji. Adres strony:

https://ems.ms.gov.pl/msig/przegladaniemonitorow

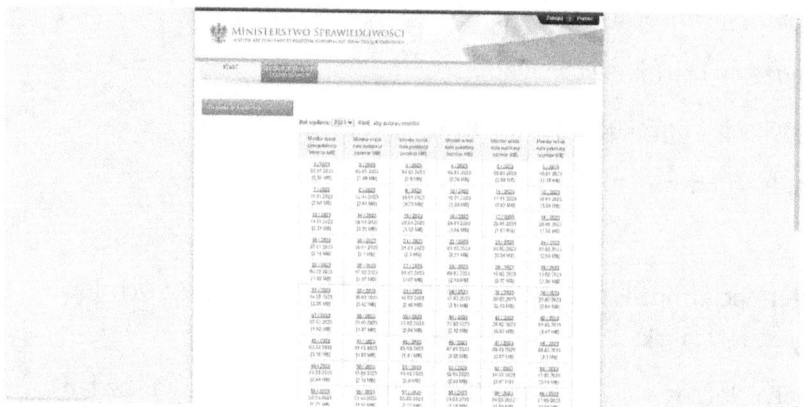

- Krajowy Rejestr Długów (KRD) - dla sprawdzenia zadłużenia i niewypłacalności firm. Możesz wyszukać firmę po nazwie lub numerze NIP lub REGON. Dostęp do KRD jest płatny i wymaga rejestracji. Adres strony:

https://www.krd.pl/

- Biura Informacji Gospodarczej (BIG) - dla sprawdzenia historii płatniczej
i wiarygodności kredytowej firm. Możesz wyszukać firmę po nazwie lub numerze NIP lub REGON. Dostęp do BIG jest płatny i wymaga rejestracji. Przykładowe biura to:

ERIF - https://erif.pl/

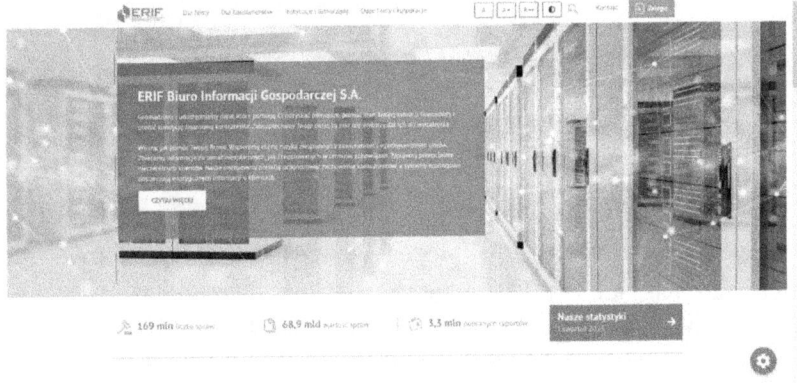

InfoMonitor - https://www.infomonitor.pl/

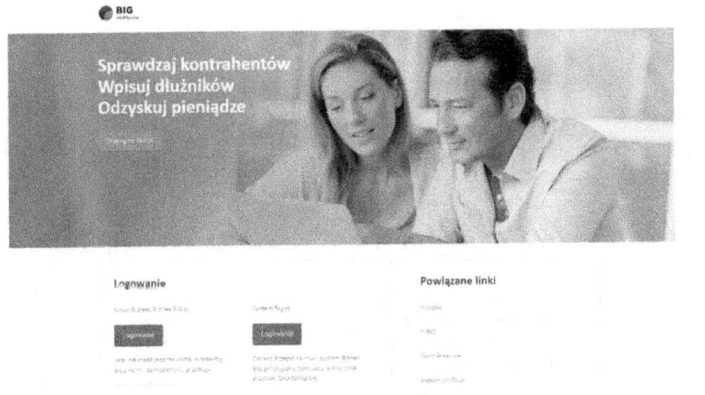

BIG SA - https://www.big.pl/

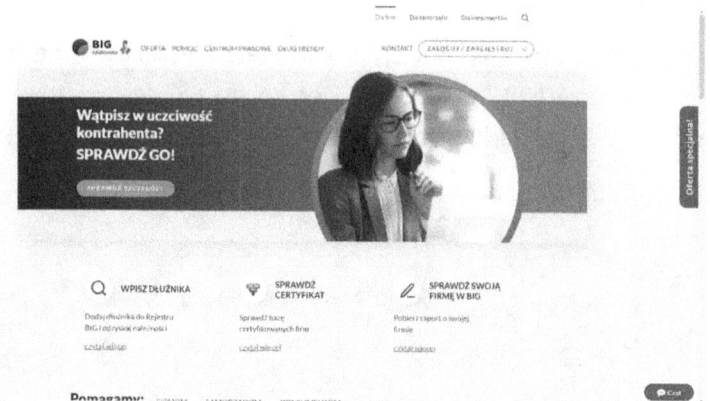

- Biura Informacji Kredytowej (BIK) - dla sprawdzenia historii kredytowej i scoringu firm. Możesz wyszukać firmę po nazwie lub numerze NIP lub REGON. Dostęp do BIK jest płatny i wymaga rejestracji. Adres strony:

https://www.bik.pl/

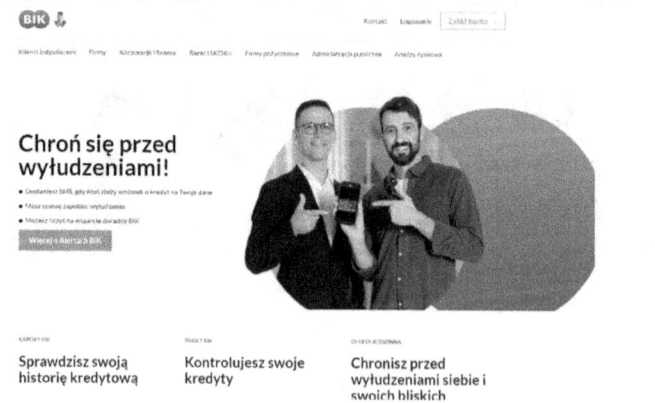

- Giełdy długów - dla sprzedaży lub zakupu wierzytelności od innych wierzycieli. Możesz wyszukać firmę po nazwie lub numerze NIP lub REGON. Dostęp do giełd długów jest płatny i wymaga rejestracji.

Przykładowe giełdy to: Giełda-długów.net - https://www.gielda-dlu gow.net/, Lista-długów.pl - https://www.lista-dlugow.pl/, Czerwona-

skarskarbonka.pl - https://www.czerwona-skarbonka.pl/gielda-dlu
gow/

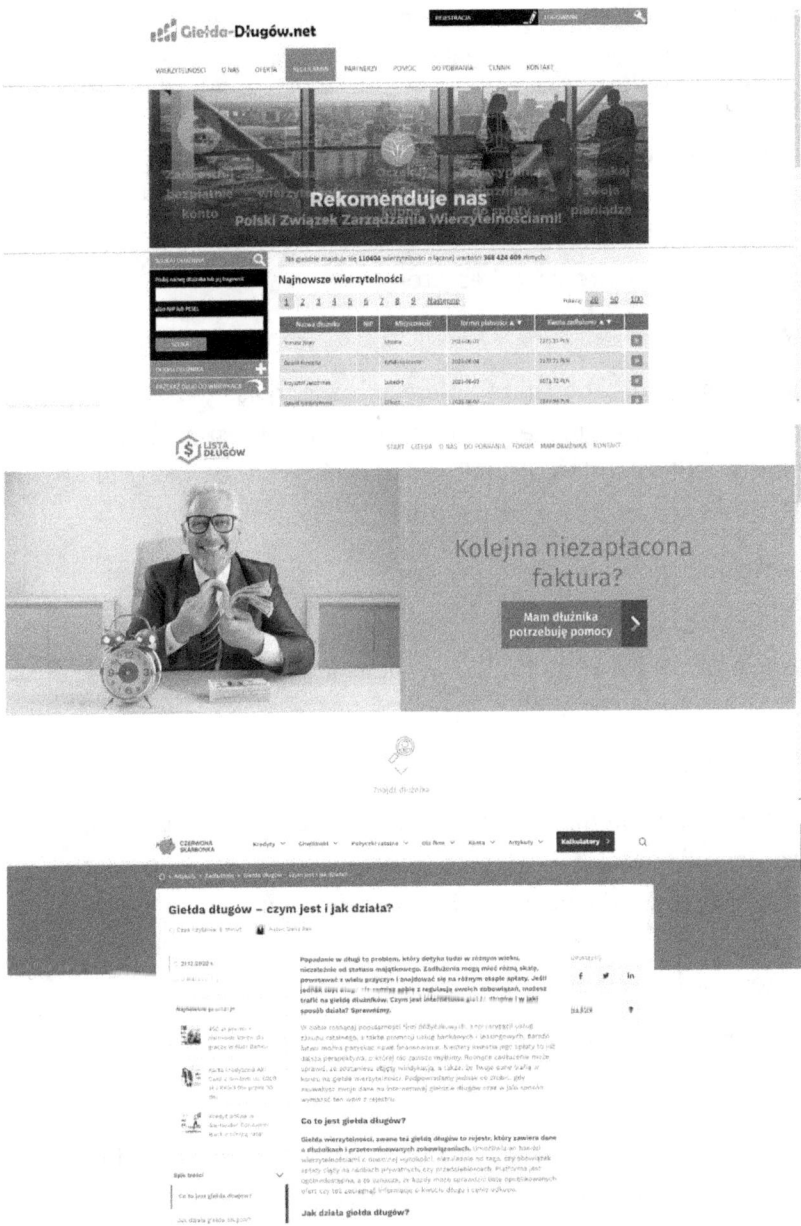

Koszty korzystania z płatnych baz danych zależą od rodzaju i zakresu informacji, które chcesz uzyskać, oraz od dostawcy i formy dostępu do tych informacji. Niektóre bazy danych oferują bezpłatne próby lub ograniczone wersje, inne wymagają opłaty abonamentowej lub jednorazowej. Przykładowo:

- Krajowy Rejestr Długów oferuje możliwość sprawdzenia jednej firmy za 9.90zł netto lub wykupienia pakietu 10 sprawdzeń za 49.-zł netto. Można też skorzystać z bezpłatnego sprawdzenia jednej firmy po zarejestrowaniu się na stronie. Adres strony:

https://www.krd.pl/

- Biura Informacji Gospodarczej oferują różne pakiety i cenniki w zależności od ilości i rodzaju informacji, które chcesz otrzymać. Przykładowo, ERIF oferuje pakiet 5 sprawdzeń za 29.-zł netto lub pakiet 50 sprawdzeń za 199.-zł netto. Adres strony:

https://erif.pl/

- Biuro Informacji Kredytowej oferuje możliwość sprawdzenia historii kredytowej firmy za 39.-zł brutto lub wykupienia abonamentu na rok za 99.-zł brutto. Adres strony:

https://www.bik.pl/

- Giełdy długów oferują różne formy współpracy i prowizji w zależności od rodzaju i wartości wierzytelności, które chcesz sprzedać lub kupić. Przykładowo, Giełda-długów.net pobiera prowizję od sprzedającego w wysokości 10% od wartości sprzedanej wierzytelności. Adres strony:

https://www.gielda-dlugow.net/

Sprawdzając te dane, zwróć uwagę na to, czy firma ma stabilną i dobrą sytuację finansową i prawną, czy nie ma zagrożeń dla jej działalności i płatności, czy nie jest obciążona zobowiązaniami lub postępowaniami sądowymi. Jeśli znajdziesz jakieś negatywne informacje, to może być sygnał ostrzegawczy.

Dlaczego warto sprawdzać sytuację finansową i prawną firmy?

Sprawdzając sytuację finansową i prawną firmy, możesz uzyskać wiele przydatnych informacji, takich jak:

- czy firma generuje zyski i ma zdolność do rozwoju

- czy firma ma wystarczające zasoby finansowe i majątkowe

- czy firma ma dobrą kondycję płatniczą i kredytową

- czy firma ma niski poziom zadłużenia i ryzyka niewypłacalności

- czy firma nie jest zagrożona windykacją, egzekucją lub upadłością

Te informacje pomogą Ci ocenić potencjał i perspektywy potencjalnego kontrahenta oraz uniknąć współpracy z firmami nierentownymi, zadłużonymi lub niesolidnymi.

3. Sprawdź opinie i oceny firmy

Ostatnim krokiem jest sprawdzenie opinii i ocen firmy, takich jak:

- referencje i rekomendacje od klientów, pracowników i partnerów biznesowych

- opinie i recenzje w internecie (np. na portalach branżowych, forach, mediach społecznościowych)

- nagrody i wyróżnienia branżowe, społeczne lub ogólnopolskie

- certyfikaty i akredytacje jakościowe, etyczne lub branżowe

- rankingi i zestawienia najlepszych firm w danej dziedzinie lub regionie

Te informacje możesz znaleźć w różnych źródłach publicznych lub płatnych, takich jak:

- strona internetowa firmy lub jej profil na portalach społecznościowych

- Portale opinii i ocen - dla sprawdzenia opinii klientów i partnerów o jakości produktów lub usług firmy. Możesz wyszukać firmę po nazwie lub branży. Przykładowe portale to:

Opineo - https://www.opineo.pl/

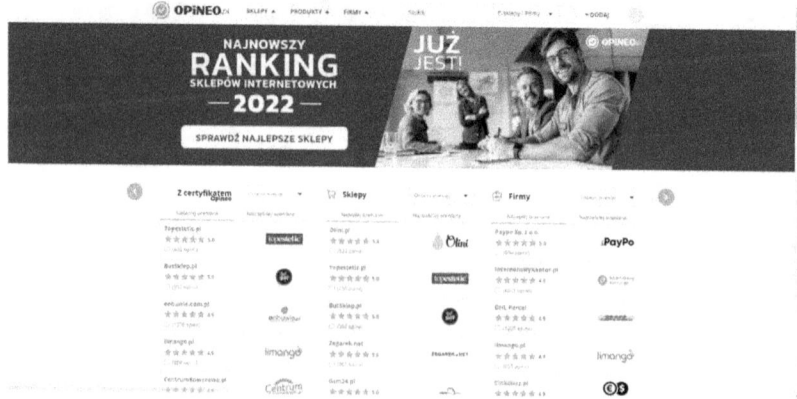

Ceneo - https://www.ceneo.pl/

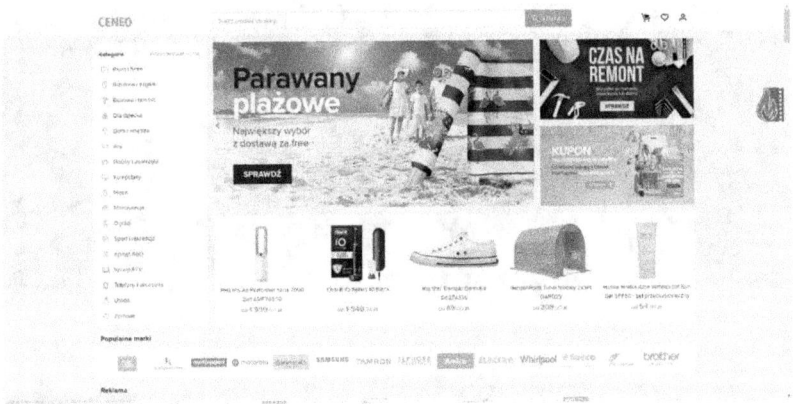

Trusted Shops - https://www.trustedshops.pl/

- Portale pracy i kariera - dla sprawdzenia opinii pracowników i byłych pracowników o warunkach pracy, atmosferze i kulturze organizacyjnej firmy. Możesz wyszukać firmę po nazwie lub branży. Przykładowe portale to:

Jak sprawdzić wiarygodność potencjalnych kontrahentów?

Glassdoor - https://www.glassdoor.pl/

GoWork - https://www.gowork.pl/

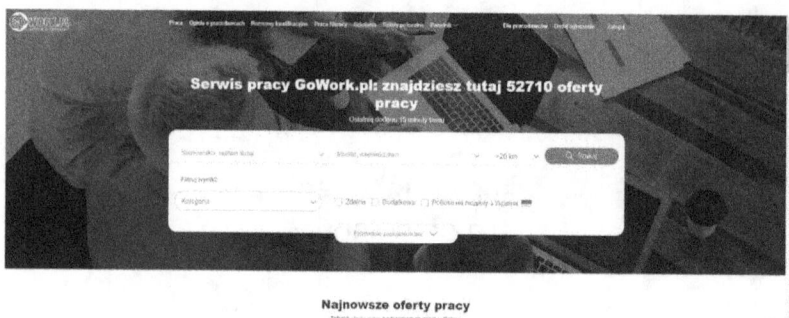

Indeed - https://pl.indeed.com/

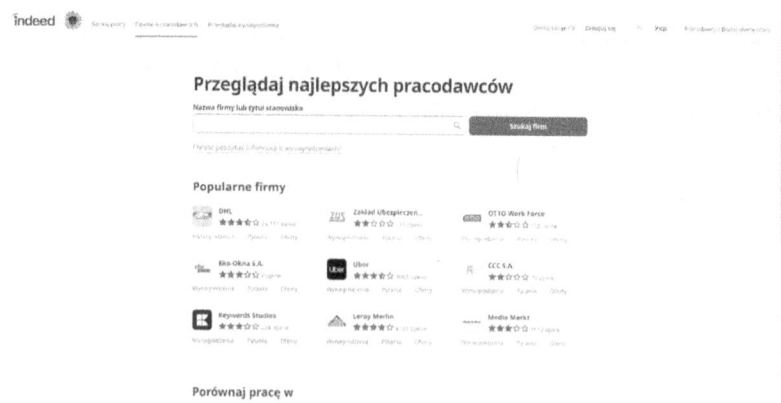

- Portale branżowe i rankingi - dla sprawdzenia nagród i wyróżnień przyznanych firmie za jej działalność, innowacyjność, społeczną odpowiedzialność itp. Możesz wyszukać firmę po nazwie lub branży. Przykładowe portale to:

Forbes - https://www.forbes.pl/

Newsweek - https://www.newsweek.pl/

Rzeczpospolita - https://www.rp.pl/

- Portale certyfikacyjne i akredytacyjne - dla sprawdzenia certyfikatów i akredytacji potwierdzających jakość i etykę działania firmy. Możesz wyszukać firmę po nazwie lub branży. Przykładowe portale to:

ISO - https://www.iso.org/

IQNet - https://www.iqnet-certification.com/

BRCGS - https://www.brcgs.com/

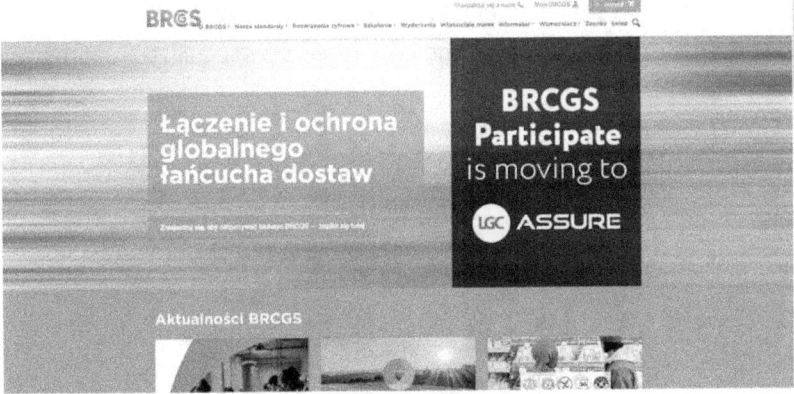

Istnieją portale z referencjami dla konkretnych branż, na których można znaleźć opinie o firmach z danej dziedziny lub sektora. Przykładowe portale to:

- TripAdvisor - dla sprawdzenia opinii o firmach z branży turystycznej, hotelarskiej i gastronomicznej. Możesz wyszukać firmę po nazwie lub lokalizacji. Adres strony:

https://www.tripadvisor.pl/

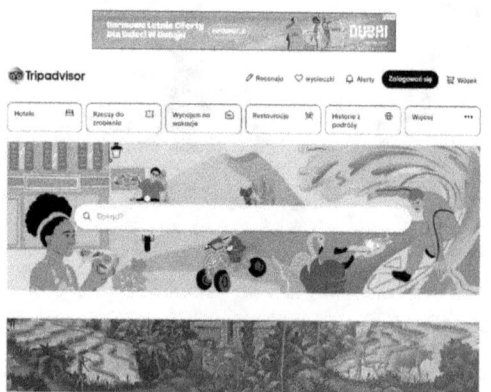

- ZnanyLekarz - dla sprawdzenia opinii o firmach z branży medycznej i zdrowotnej. Możesz wyszukać firmę po nazwie lub specjalizacji. Adres strony:

https://www.znanylekarz.pl/

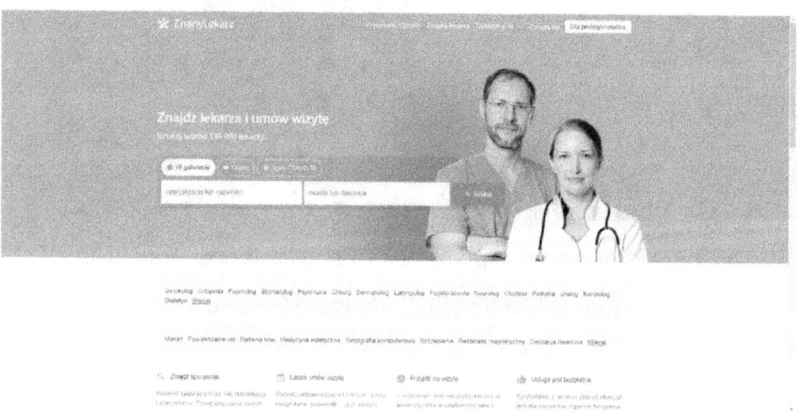

- GoldenLine - dla sprawdzenia opinii o firmach z różnych branż i sektorów. Możesz wyszukać firmę po nazwie lub branży. Adres strony:

https://www.goldenline.pl/

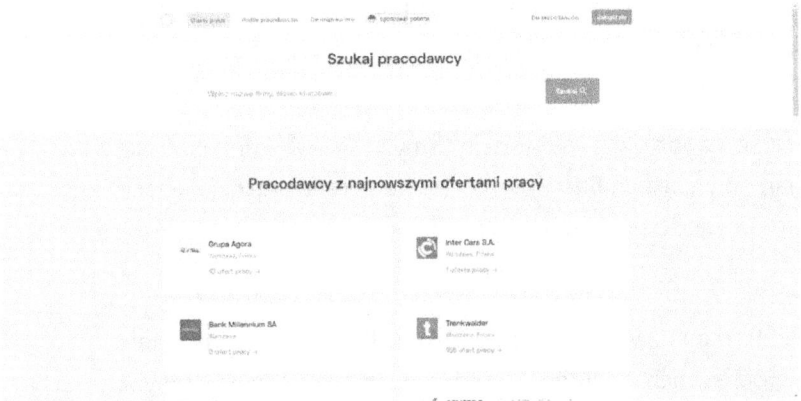

- Oferteo - dla sprawdzenia opinii o firmach z szerokiego spektrum branż i usług. Możesz wyszukać firmę po nazwie lub kategorii. Adres strony:

https://www.oferteo.pl/

Inne sposoby na sprawdzenie opinii o firmie to:

- Kontakt z osobami, które mają doświadczenie w współpracy z firmą lub znają ją z branży. Możesz skorzystać z portali społecznościowych, takich jak LinkedIn, Facebook czy Twitter, aby znaleźć takie osoby i poprosić je o opinię lub rekomendację.

- Sprawdzenie strony internetowej i mediów społecznościowych firmy. Możesz zobaczyć, jak firma prezentuje się i komunikuje ze swoimi klientami i partnerami, jakie ma misję i wartości, jakie realizuje projekty i inicjatywy.

- Sprawdzenie raportów i publikacji firmy. Możesz zapoznać się z informacjami o wynikach finansowych, strategii rozwoju, działaniach społecznie odpowiedzialnych lub innowacyjnych rozwiązaniach firmy.

Sprawdzając te dane, zwróć uwagę na to, czy firma ma dobre opinie i referencje od swoich klientów, partnerów, pracowników i innych podmiotów, czy jest doceniana i uznawana w swojej branży i społeczności, czy posiada odpowiednie certyfikaty i akredytacje świadczące o jej profesjonalizmie i zaufaniu, czy ma doświadczenie i kompetencje w swojej dziedzinie, czy jest innowacyjna i konkurencyjna.. Jeśli znajdziesz jakieś negatywne informacje, to może być sygnał ostrzegawczy.

Dlaczego warto sprawdzać opinie i referencje o firmie?

Sprawdzając opinie i referencje o firmie, możesz uzyskać wiele przydatnych informacji, takich jak:

- czy firma ma zadowolonych klientów i partnerów

- czy firma ma lojalnych i zaangażowanych pracowników

- czy firma ma prestiż i renomę w swojej branży

- czy firma ma wysokie standardy jakości i etyki

Te informacje pomogą Ci ocenić reputację i atrakcyjność potencjalnego kontrahenta oraz uniknąć współpracy z firmami niesatysfakcjonującymi, kontrowersyjnymi lub niegodnymi zaufania.

Podsumowanie

Sprawdzanie wiarygodności potencjalnych kontrahentów to ważny element prowadzenia biznesu. Dzięki temu możemy uniknąć nieprzyjemnych niespodzianek, strat i problemów. W tym poradniku pokazaliśmy Ci, jak to zrobić w trzech prostych krokach:

- Sprawdź dane rejestrowe i kontaktowe firmy

- Sprawdź sytuację finansową i prawną firmy

- Sprawdź opinie i oceny firmy

Jednak nie zawsze mamy czas, ochotę lub możliwość samodzielnego sprawdzania wiarygodności kontrahentów. W takim przypadku warto skorzystać z pomocy profesjonalnej agencji infobrokerskiej ReDaTO!

ReDaTO to firma, która zajmuje się wyszukiwaniem, analizowaniem i dostarczaniem informacji biznesowych na zamówienie klientów. Oferujemy szybkie i rzetelne sprawdzanie danych firmowych, finansowych i prawnych każdego podmiotu gospodarczego w Polsce i za granicą.

Za pomocą naszej usługi możesz uzyskać m.in.:

- pełny raport o sytuacji ekonomicznej i prawnej firmy,

- informacje o jej właścicielach, zarządzie i udziałowcach,

- dane o zadłużeniu, windykacjach i upadłościach,

- opinie I oceny klientów i partnerów biznesowych,

- informacje o konkurencji i rynku.

Wszystko to już od 45 zł brutto!

Nie czekaj - zamów raport już dziś i zyskaj pewność i bezpieczeństwo w biznesie!

Aby skorzystać z naszej oferty, wystarczy napisać na adres poczty elektronicznej redatoffice@gmail.com lub zadzwonić pod numer telefonu +48 534 369 499.

ReDaTO - infobrokering na najwyższym poziomie!

phone: +48 534 369 499
e-mail: redatoffice@gmail.com

Notatki

....

....

....

....

....

....

....

....